Mes animaux sauvages préférés

LES LOUPS • LES OURS • LES TIGRES

NOUS SOMMES DES LOUPS

MOLLY GROOMS & LUCIA GUARNOTTA

L'artiste présente ses remerciements à Jim Brandenburg,
auteur et photographe dont le travail a constitué
une véritable source d'inspiration
pour les illustrations de cet ouvrage.

Par un torride après-midi d'été, la bande de loups dormait au soleil.

Une corneille se posa sur unc branche dans un battement d'ailes et réveilla deux louveteaux. Le corbeau et les petits loups se regardèrent avec de grands yeux.

Maman louve appela ses deux petits auprès d'elle.
« Je pars à la chasse avec la bande. Vous resterez à la tanière avec votre oncle. »

Les deux louveteaux s'écrièrent : « Non, maman !
Nous voulons aller chasser nous aussi ! Nous sommes grands et braves ! Nous courrons très vite et te promettons de rester tranquilles ! »

Maman louve sourit. « Oui, vous êtes grands et braves ; je suis certaine aussi que vous pouvez courir vite et vous tenir tranquilles. Mais je veux que vous restiez ici pour surveiller oncle loup afin qu'il ne fasse pas de bêtises. »

Les louveteaux soupirèrent, mais maman louve se mit à leur caresser le cou de son museau et à lécher leurs pattes chatouilleuses jusqu'à ce qu'ils rient et soient de nouveau joyeux.

Les loups adultes frottèrent le museau des louveteaux en guise d'au revoir, puis ils partirent à la chasse. Les louveteaux les regardèrent disparaître dans la forêt.

Les louveteaux s'étaient assis en haut de la colline pour les regarder s'éloigner.

Oncle loup voyait bien que les louveteaux se sentaient tristes. Il ramassa une plume et passa devant eux en disant : « Regardez ce que j'ai là ! C'est une plume spéciale que seuls les loups rapides et forts peuvent porter ! »

Cela dit, il s'éloigna d'un bond.

LUCIA GUARNOTTA 99

Les louveteaux le poursuivirent.

« Je la veux, je la veux !

Je suis un loup rapide et fort ! »

Ils rattrapèrent oncle loup et le firent tomber avec eux en lui tirant la queue. Les petits se remirent ensuite sur leurs pattes en riant.

« Nous courons plus vite que toi, tonton ! »

« Vous pensez que vous êtes des loups adultes, dit oncle loup, mais je suis plus âgé et plus sage. Je suis un loup depuis beaucoup plus longtemps que vous. Venez vous promener, je vais vous le montrer. »

Ils n'avaient pas trotté bien loin
lorsque leur oncle leur cria : « Arrêtez ! »
Surpris, les louveteaux revinrent vers lui.

« Regardez », dit-il. « Où ça, tonton où ? »

« Partout », dit-il en souriant.

Les louveteaux regardèrent autour d'eux. Et ils virent des arbres, des oiseaux et des herbes qui ondulaient dans le vent.

« Regarde ! Regarde ! s'écrièrent-ils. Vois-tu ces papillons jaunes ? Et là... cette feuille qui s'agite comme un loup qui court après sa queue ? »

Oncle loup hocha la tête. « Vous comprenez maintenant, dit-il. Il y a beaucoup à voir dans ce monde, mes petits. Ouvrez les yeux et observez ce qui vous entoure. C'est ce que font les loups. »

« Nous sommes des observateurs. »

« Courons maintenant ! »

Et sur ces mots, oncle loup se mit à courir à toutes pattes à travers bois. On aurait dit qu'il volait !

Les louveteaux le suivirent, courant plus vite qu'ils ne l'avaient jamais fait. Leurs pattes touchaient à peine le sol. C'était une sensation merveilleuse et ils riaient dans le vent.

Oncle loup et les louveteaux s'arrêtèrent sur le bord d'un ruisseau, le cœur battant. Entre deux halètements, les petits demandèrent : « Est-ce qu'on peut recommencer, tonton ? »

Oncle loup leur dit : « Oui, un jour. Bientôt, lorsque vous serez plus grands, nous courrons encore plus vite et plus longtemps qu'aujourd'hui. Nous courrons jour et nuit sans nous fatiguer. Car c'est ce que font les loups... »

« Nous sommes des voyageurs. »

LUCIA GUARNOTTA 99

Soudain, oncle loup s'écria : « Chut ! ...Écoutez. » Les louveteaux tendirent encore l'oreille. Et ils entendirent plus de sons qu'ils ne croyaient en exister dans le monde. Ils entendirent les pics frapper à coups répétés sur les arbres morts. Ils entendirent les feuilles murmurer dans le vent. Ils entendirent le ruisseau gargouiller sur les pierres. Plus loin, ils entendirent un écureuil qui froissait des feuilles.

« Qu'entendez-vous ? » demanda oncle loup.

« Oh ! Toutes sortes de choses ! chuchotèrent les louveteaux. Nous entendons tellement de sons ! »

« Il y en aura toujours de nouveaux à entendre, leur dit oncle loup. Apprenez à dresser les oreilles en tout temps. Un loup sage est un loup qui écoute. Car c'est ce que font les loups. »

« Nous savons écouter. »

Les louveteaux s'assirent près de leur oncle, attendant la prochaine leçon. Il scrutait la surface bouillonnante du ruisseau, observant une truite multicolore qui glissait de gauche à droite pour attraper des insectes.

« Cette truite nous ferait un excellent repas, dit oncle loup. Pensez-vous pouvoir l'attraper ? »

Les petits se penchèrent au-dessus du ruisseau en retenant leur souffle. Ils se ramassèrent, prêts à bondir.

« Attention ! chuchota l'oncle. Accroupissez-vous, sinon la truite vous verra ! »

LUCIA GUARNOTTA 98

Trop tard ! La truite aperçut les louveteaux et fila dans un tourbillon d'eau.

Les petits ne voyaient plus que leur reflet à la surface du ruisseau.

« Faites attention lorsque vous vous approchez d'un autre animal, leur expliqua leur oncle. Apprenez à marcher en silence et à vous coller le plus possible au sol pour être presque invisibles. Car c'est ce que font les loups. »

« Nous sommes des chasseurs. »

Les louveteaux hochèrent la tête en disant : « La prochaine fois, nous serons plus attentifs, tonton. »

Ce dernier sourit. « Oui, je crois que vous serez de meilleurs chasseurs, que vous courrez vite, que vous verrez et entendrez mieux. »

Sur ce, les louveteaux se mirent à jouer dans l'herbe. Ils roulaient, grognaient et sautaient. Tout à coup, leurs oreilles se dressèrent. Des sons leur parvenaient à travers bois. C'étaient les saluts hurlés par la bande qui revenait à la maison ! Les louveteaux retournèrent à la tanière en courant.

Ils y trouvèrent leur mère et les loups qui se saluaient et échangeaient des nouvelles de la chasse. Puis ils s'assirent tous, levèrent leur museau vers le ciel et se mirent à hurler.

Oncle loup dit avec un sourire :

« C'est le chant que nous chantons lorsque nous nous retrouvons.

C'est le chant de la bande. Car c'est ce que font les loups. »

« Nous formons une famille. »

Plus tard, ce soir-là, les deux louveteaux se pressèrent contre leur maman. Ils commencèrent à lui raconter tout ce qu'ils avaient appris dans la journée, mais ils étaient trop fatigués pour terminer leur histoire.

Maman louve sourit et leur lécha le visage à grands coups de langue affectueux. Pendant qu'ils plongeaient dans le sommeil, elle leur dit : « Dormez maintenant, mes petits loups fatigués. Dormez en paix. Je vais veiller sur vous et vous protéger, car c'est aussi ce que font les loups. »

« Nous sommes des gardiens. »

Nous sommes des observateurs.

Nous sommes des voyageurs.

Nous savons écouter.

Nous sommes des chasseurs.

Nous formons une famille.

Nous sommes des gardiens.

« *Nous sommes des loups.* »

NOUS SOMMES DES OURS

MOLLY GROOMS & LUCIA GUARNOTTA

Pour Jo, qui peut agir en ours
mais est toujours un ami cher et un mentor,
et pour Claire Bear, la petite fille dont toute
gouvernante rêve de s'occuper !

L. GUARNOTTA

Câlin, câlin ! Maman ourse se réveille, ses oreilles poilues gentiment mordillées. Chaque matin, ses deux oursons la secouent en grognant furieusement pour la tirer de son sommeil. Elle soupire, bâille et s'abandonne à leur jeu.
Ses oursons couinent de joie, ravis.

« Sortirons-nous enfin de la tanière, aujourd'hui ? »

« Oui », dit-elle en les guidant dehors pour la toute première fois.

« Ce nouveau monde paraît si VASTE ! » s'exclame le plus petit des deux oursons, un peu effrayé, en jetant un coup d'œil à l'extérieur.

« Il l'est, en effet », acquiesce maman ourse en poussant doucement ses petits du bout du museau. Les oursons clignent des yeux dans la lumière vive du soleil, avides de regarder toutes ces nouvelles couleurs et d'entendre tous les nouveaux sons.

Encore maladroits, les oursons trottinent néanmoins sur leurs douces petites pattes.

Ils reniflent tout ! Les cailloux et les arbres, l'herbe et les fleurs ! Des milliers de nouvelles odeurs chatouillent leurs narines.

Soudain, maman ourse se dresse sur ses pattes de derrière, le regard tourné vers le sous-bois voisin. Elle hume le vent, puis grogne très fort ! Sans même y penser, les oursons détalent, grimpent à un arbre et la regardent du haut de leur abri fourchu.

Maman ourse reste immobile pendant un moment, et ses petits se font discrets.

Maman ourse se détend alors et lève les yeux vers ses oursons.

« Très bien, mes enfants. Vous ne craignez rien, mais vous devrez toujours réagir sur-le-champ à mes avertissements. »

Tout ce qui se trouve sous eux leur paraît petit et très loin. Un oiseau se pose près d'eux, puis, étonné de voir des ours perchés dans un arbre, s'envole à tire d'ailes.

« Vous savez maintenant que nous pouvons nous réfugier dans des endroits élevés et sûrs », leur dit maman ourse. « Lorsque vous êtes loin de la tanière et devez vous cacher, pensez toujours aux arbres. C'est ce que font les ours. »

« Nous savons grimper. »

Une fois de retour sur la terre ferme, le plus petit des deux oursons suit une chenille. Son frère, lui, découvre un tendre champignon.

« Pouvons-nous le manger, maman ? » demandent les petits.

« Fiez-vous à vos sens. Que vous dit votre nez ? » demande maman ourse.

« Ça sent mauvais. Notre nez nous avertit de nous en éloigner ! » répliquent les oursons. Maman ourse opine de la tête et leur explique : « Si vous mangiez ce champignon, vous pourriez être très malades. Fiez-vous toujours à votre nez. Essayons maintenant de trouver quelque chose qui soit bon à manger. »

Un délicieux parfum emplit soudain leurs narines. Un bourdonnement se fait entendre au-dessus d'eux. Ils ont trouvé une ruche !

« Les abeilles nous donnent le miel, qui deviendra très vite votre mets préféré », explique maman ourse, fière de ses petits.

« Vous trouverez toujours à manger dans la forêt. Il vous suffit de suivre votre nez. »

« Nous savons chercher. »

« Pouvons-nous goûter un peu de miel ? » demandent les oursons.

« Vous devez être très prudents, car les abeilles peuvent piquer même les gros ours que nous sommes », les met en garde maman ourse.

Mais les oursons grimpent déjà à l'arbre, prêts à plonger leur patte dans la ruche. Le plus petit des deux enfouit son museau dans le trou et le ressort, tout dégoulinant de miel.

LUCIA GUARNOTTA

« Miam! C'est très différent du lait. C'est délicieux ! » disent les oursons.

Autour d'eux, les abeilles bourdonnent de plus en plus fort. Le plus gros des deux oursons rugit soudain : « GRROUOU ! » Il couvre ses fragiles oreilles et descend de l'arbre à toute vitesse.

« Suivez-moi ! », grogne maman ourse qui se met à courir dans la forêt. Les oursons courent aussi vite qu'ils le peuvent et la suivent jusqu'au lac.

Maman ourse plonge

dans l'eau fraîche et nage vers

la rive opposée.

Hésitants, les oursons restent au bord de l'eau. Le bourdonnement de plus en plus fort et un nouveau « GRROUOU ! » les incitent enfin à plonger pour s'eloigner des abeilles.

« Maman, maman ! Où sommes-nous ? » s'inquiètent-ils. « Ceci est un lac. Il nous procure de la nourriture et de nombreux plaisirs. Maintenant que vous l'avez traversé, vous savez que vous pouvez nager. C'est ce que font les ours. »

« Nous savons nager. »

Lorsqu'ils atteignent l'autre rive, les abeilles ont cessé de les poursuivre et sont parties. Maman ourse s'ébroue pendant que ses petits s'ébattent dans l'eau.

« Il n'y a rien à manger ici, et nous avons très faim ! » bougonnent les oursons.

« Il ne nous reste donc qu'à trouver quelque chose à manger qui ne nous fasse pas de mal ! » dit maman ourse.

Ses petits la suivent le long de la rive et la regardent attentivement. Elle déterre des roseaux et autres quenouilles et présente les tendres racines aux oursons. Ils les grignotent, mais cette étrange et nouvelle nourriture ne leur paraît pas aussi délicieuse que le lait auquel ils sont habitués.

« Vous aimerez très vite ces nouveaux aliments ! Tous les ours sont dotés de quatre pattes puissantes, et vous apprendrez à creuser et à déterrer les racines les plus savoureuses pour remplir votre ventre affamé. C'est ce que font les ours. »

« Nous savons creuser. »

Maman ourse guide ensuite ses petits vers leur tanière douillette. Les oursons sont enchantés de s'y retrouver. Maman ourse les réchauffe et les serre contre elle.

« Je suis très fière de vous. Vous êtes de bons oursons et avez appris beaucoup de choses aujourd'hui. »

« Mais il vous reste encore beaucoup

à découvrir, et nous continuerons demain », murmure-t-elle en léchant tendrement chaque ourson somnolant.

« C'est ce que font les mamans ourses. »

« Nous savons guider. »

Lorsque maman ourse a bien mangé, elle prend soin de ses oursons jusqu'à ce qu'ils soient repus et heureux.

« Une journée bien remplie pour deux petits oursons », leur dit-elle. « Maintenant, la meilleure chose à faire pour devenir grands et forts, c'est dormir. C'est ce que font les ours. »

« Nous adorons dormir. »

Nous savons grimper.

Nous savons chercher.

Nous savons nager.

Nous savons creuser.

Nous savons guider.

Nous adorons dormir.

« Nous sommes des ours. »

L'artiste présente ses remerciements aux photographes dont le travail a constitué une véritable source d'inspiration :
Sharon Cummings / Dembinsky Photo Associates
Rich Kirchner / The Green Agency
Bill Kinney / Bill Kinney.com
Michael H. Francis
Bill Lea

NOUS SOMMES DES TIGRES

Molly Grooms et Lucia Guarnotta

Quand le soleil se couche, le sol de la jungle commence à se réchauffer. La chaleur du jour commence à s'estomper, et l'air devient frais. Au pied d'une roche, maman tigre se roule çà et là sur le dos. Elle se sent lasse et fatiguée. Elle profite de la chaleur engourdissante. Elle s'allonge, s'étire et bâille.

Deux petits tigres s'amusent en lui griffant la queue. Quand l'un d'eux commença à y mordre, maman tigre grogna : « Vous pensez encore à manger ! Je viens pourtant juste de vous donner du lait ! Tenez, on va chasser ensemble pour la première fois. »

Les petits tigres se levèrent tout de suite : « Oh ! Maman, est-ce vrai que nous pouvons y aller avec toi ? S'il te plaît ! Nous serons sages, maman ! »

Maman tigre se leva et les regarda fixement. Les petits tigres inspirèrent profondément afin de paraître plus grands et plus forts.

Maman tigre leur donna un coup de langue tendre et dit : « Chasser n'est pas facile, et vous avez beaucoup à apprendre. Quand vous n'attrapez rien, vous n'avez rien à manger. Si vous me promettez d'être sages et de bien m'écouter, vous pouvez venir avec moi. Je vous apprendrai à chasser. »

Maman tigre guida ses petits dans la profonde pénombre de la jungle. Les petits étaient très contents d'être à la hauteur. D'habitude, ils restaient en sécurité à la maison quand maman tigre allait à la chasse. Ils savaient qu’il n’était pas facile de chasser. Ils avaient souvent vu leur mère rentrer sans rien rapporter pour remplir leurs ventres creux.

Enfin, ils allaient voir où et comment elle chassait. Ils la suivaient en sautillant allègrement.

Tout à coup, maman tigre s'arrêta. « Qu'est-ce que tu fais ? », demanda un des petits. « J'écoute, je sens et j'observe », répondit maman.

Les deux petits tigres l'imitèrent. Ils sentirent la jungle après une violente averse. La terre dégageait beaucoup d'odeurs et paraissait pleine de vie. Ils regardaient les arbres dans le coucher du soleil quand un paon bondit de buisson en buisson. « Je n'entends rien », dit le plus petit des tigres.

« C'est bon », dit maman tigre.
« On ne doit jamais entendre le tigre. Nous glissons sur nos pattes. Nous sommes silencieux. Quand vous faites attention, vous ne faites pas de bruit. Vos pattes ne vous protègent pas du sable, mais elles vous aident à chasser. C'est pourquoi vous devez avancer prudemment. C'est ainsi que font les tigres. »

« Nous sommes silencieux. »

L. GUARNOTTA

Les petits tigres regardèrent comment maman tigre avançait sans bruit. Ils la suivirent en silence, les yeux fixés au sol, puis la dépassèrent. Tout d'un coup, leur maman poussa un grognement. Ils revinrent sur leurs pas. Maman tigre inspecta l'horizon.

Du haut d'un manguier, un singe donna l'alerte. « Écoutez. Vous avez fait du bruit et vous vous êtes vous-mêmes trahis. Maintenant, tous les animaux de la jungle savent où nous nous trouvons. Vous devez apprendre à rester sur vos gardes.

C'est ainsi que font les tigres. »

« Nous sommes prudents. »

Les petits avaient vraiment honte. « Restez ici, je vais vous apprendre un petit truc », dit maman tigre. Elle se glissa dans l'ombre et disparut.

Les deux petits regardaient fixement là où leur mère devait se trouver mais ne pouvaient la voir à cause de l'ombre et des feuillages. « Trouvez-moi si vous le pouvez », cria maman tigre.

Ils pouvaient presque la toucher quand elle grogna et ils purent voir briller ses yeux verts au milieu de hautes herbes. Son corps était complètement caché.

« Quand vous êtes silencieux, les rayures de votre pelage vous cachent. Ainsi sont les tigres. »

« Nous sommes invisibles. »

Les petits tigres étaient surpris. Ils essayèrent de se cacher l'un derrière l'autre. « Pourrons-nous aussi nous cacher quand nous serons grands ? » Maman tigre sourit : « Quand vous serez grands, vous n'oserez pas vous cacher l'un derrière l'autre. Les grands tigres ne vivent pas toujours ensemble. Un jour, chacun trouvera un territoire à lui où il chassera et vivra. Ainsi sont les tigres. »

« Nous sommes solitaires. »

« Mais nous ne voulons pas te quitter, maman », dit le petit tigre. Maman tigre lui donna un gentil coup de langue. « J'ai encore beaucoup à vous apprendre. Mais un jour, vous voudrez quand même vous en aller. »

Tout d'un coup, ils entendirent un cri.

Un chacal venait dans leur direction en courant.

Les petits tigres avaient très peur…

Maman tigre lança un très grand rugissement. Les poils du chacal se dressèrent et il s'enfuit sans demander son reste. Maman tigre donna un coup de langue à ses petits tout tremblants.

« Vous ne devez pas avoir peur. Mes dents sont acérées et mes griffes, très fortes. Rien ne peut vous arriver. Ainsi sont les mamans tigre. »

« Nous protégeons les nôtres. »

Maman tigre guida ses petits à travers une allée de banians vers la rivière. Ils y étaient déjà venus pour boire. Surpris, ils regardèrent comment leur mère plongeait son corps dans l'eau.

« Oh, que c'est merveilleux ! Venez, faites comme moi ! C'est ainsi qu'on se rafraîchit le mieux dans la jungle. Les mouches disparaissent et nous nous sentons les pattes merveilleusement fraîches.
C'est ainsi que font les tigres. »

« Nous sommes des baigneurs. »

La famille des tigres joua et se reposa au bord de la rivière jusqu'au soir. Les petits tigres pensaient à tout ce qu'ils venaient d'apprendre en un jour. Ils savaient maintenant que la jungle était plus compliquée et plus dangereuse qu'elle ne le paraissait.

Ils se sentaient cependant en sécurité et heureux aux côtés de maman tigre. Dorénavant, ils allaient explorer la jungle.

Nous sommes silencieux.

Nous sommes prudents.

Nous sommes invisibles.

Nous sommes solitaires.

Nous protégeons les nôtres.

Nous sommes des baigneurs.

« Nous sommes des tigres. »

LUCIA GUARNOTTA

MOLLY GROOMS

À six ans, elle remporte un concours littéraire et publie son premier livre. Depuis, elle a écrit de nombreux ouvrages pour les jeunes qui ont été traduits dans plusieurs langues. Sa passion pour les animaux l'a amenée à étudier leur comportement et à les observer dans leur habitat naturel.

LUCIA GUARNOTTA

Cette artiste italienne a obtenu son baccalauréat « summa cum laude » en peinture de l'école des beaux-arts de Carrare. Elle a exposé ses peintures en Italie, ainsi qu'aux États-Unis, où à New York elle a présenté plusieurs de ses œuvres à l'exposition d'art contemporain Artexpo tenue au Jarvis Convention Center.